Huit familles

de légumes

Relecture scientifique d'Alain Douineau,
jardinier, animateur pédagogique,
et Sophie Deschamps,
jardinière.
Jardin des Plantes, Paris

ISBN 978-2-211-22048-4

© 2015, l'école des loisirs, Paris, pour la présente édition
dans la collection « Maximax »
© 2013, l'école des loisirs, Paris
Loi n° 49.956 du 16 juillet 1949 sur les publications destinées à la jeunesse : mars 2013
Dépôt légal : mars 2015
Imprimé en France par Gibert Clarey Imprimeurs à Chambray-lès-Tours

Édition spéciale non commercialisée en librairie

Gerda Muller
Ça pousse comment ?

l'école des loisirs
11, rue de Sèvres, Paris 6e

Vive les vacances !

Sophie habite une grande ville.
Les légumes qu'elle connaît
sont ceux du supermarché
au bout de sa rue.
Aujourd'hui, Sophie prend
le train pour aller passer
ses vacances à la campagne,
chez ses grands-parents.
Ils ont un potager où poussent
des légumes succulents.
Sophie est contente.
Elle va faire un tas de choses
amusantes dans le potager.

haricots verts — poireaux — maïs — brocolis — tomates cerises
concombres — courgettes — betteraves — tomates — salades vertes
pommes de terre — choux-fleurs — choux de Bruxelles — endives — carottes

Le soir de son arrivée, elle s'endort dans une petite chambre sous le toit. Au matin, elle est réveillée par le chant des mésanges et les rayons du soleil. Aussi par l'odeur du chocolat chaud que grand-mère prépare pour le petit déjeuner. Ensuite, Grand-Jean (c'est comme ça que Sophie appelle son grand-père) l'emmène au potager pour lui donner des outils de jardin, rien que pour elle et à sa taille. « Oh, merci ! » dit Sophie.

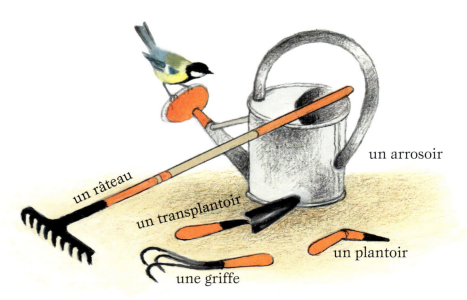

un râteau
un arrosoir
un transplantoir
un plantoir
une griffe

Il lui montre un carré de terre
où elle peut faire pousser les légumes
qu'elle veut.
« Je t'aiderai, lui dit-il, mais avant de semer,
il faut bien nettoyer le sol avec ton râteau.
– Je voudrais semer des graines de carottes,
de radis et de salade », dit Sophie.
Grand-Jean lui donne trois sachets et des étiquettes.
Puis il creuse trois sillons avec le manche du râteau.
Il faut aussi mettre de côté un seau rempli de terre,
pour plus tard…
Sophie a écrit le nom des légumes sur les étiquettes,
puis elle les a piquées dans la terre.
Après quoi, elle fait tomber les graines dans les sillons.
Ce n'est pas facile !

Puis elle recouvre les sillons avec la terre qu'elle a mise de côté.
Il ne lui reste plus qu'à arroser son petit jardin.
« Bravo, la jardinière ! dit Grand-Jean. Maintenant, il faut patienter
trois semaines avant de croquer les radis de ton potager… »

C'est bien mieux que les bonbons

Une coccinelle s'est posée sur le bras de Sophie.
Grand-père est toujours heureux quand il en voit dans son potager.
Pourquoi ?
Parce que les coccinelles, et surtout leurs larves, dévorent les pucerons.

Grand-père n'aime pas les pucerons, parce qu'ils sucent la sève qui circule dans la tige des plantes.
La sève ?
C'est comme notre sang.
Ainsi, les pucerons affaiblissent les plantes.
Alors, vive les coccinelles !

Le lendemain, Grand-Jean apporte un panier rempli de paille.
Il y a un petit garçon avec lui, il s'appelle Tom.
« J'ai invité mon jeune voisin à cueillir des petits pois. Mais d'abord il faudrait pailler les oignons. Pailler veut dire : étaler de la paille au pied des plantes. Vas-y, Sophie ! »
P'tit Tom s'amuse beaucoup et Sophie aussi…
« Mais à quoi ça sert, toute cette paille ? demande Sophie.
– Ça sert à garder la terre humide et à empêcher des herbes envahissantes de s'installer. Quand vous aurez fini de pailler, nous allons tous croquer des petits pois tout crus ! »
Grand-Jean a ouvert une cosse et fait rouler les graines dans la main de Sophie. Elle en goûte une.
« C'est un délice ! dit-elle en fermant les yeux.
– C'est tout sucré ! » s'écrie P'tit Tom.
Les deux enfants adorent les petits pois tout crus. Les oiseaux aussi…
Heureusement que le chat n'est pas loin, qui les surveille.

Un puceron, une coccinelle à sept points et sa larve.
Ici, l'illustratrice les a dessinés trois fois plus grands que nature.

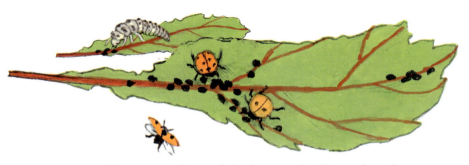

On peut voir parfois des coccinelles et leur larves en même temps sur la même plante, en train de croquer les pucerons.

Deux cosses de petits pois, neuf graines, une échalote, un oignon, trois radis, trois haricots verts.

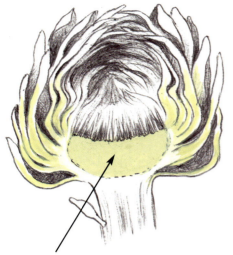

Voici la coupe d'un artichaut, avant sa floraison.

Le cœur que tu mangeras.

Ce papillon s'appelle la piéride du chou.

Voici sa chenille qui raffole des feuilles du chou.

Trois légumes-fleurs

«Qu'est-ce qu'on mange ce soir, Grand-Jean?
– Ce soir on mange des fleurs!
– Des fleurs? Ah, non! s'écrie Sophie. J'ai beaucoup trop faim pour ne manger que des fleurs!
– C'est une blague… viens avec moi.»

Et Grand-Jean prend Sophie par la main. Bientôt elle voit un beau buisson et des artichauts tout en haut des tiges.
«Il faut couper les artichauts avant qu'ils ne se mettent à fleurir, dit grand-père. On mangera les cœurs.
– Les cœurs d'artichaut! s'écrie Sophie, je connais: c'est très bon!»

Puis Grand-Jean coupe une tête de brocoli.
«Dans le brocoli, ce sont vraiment les fleurs qu'on déguste. Elles sont délicieuses.
Mais je vais mettre un filet par-dessus, sinon les pigeons les dévoreront.
Ah, regarde, les brocolis et les choux-fleurs ont soif!
– C'est moi qui les arrose, dit Sophie. Je vais chercher mon arrosoir, le tien est bien trop grand pour moi!»

Un chou-fleur, une feuille d'artichaut, un artichaut, un brocoli.

Où Sophie découvre tant de choses

Cette allée est envahie par les mauvaises herbes.
Grand-mère les enlève avec sa binette. Elle est très habile !
Sophie l'aide avec sa griffe, tout en écoutant les petites chansons
que chante sa grand-mère.
« J'aime bien désherber avec toi ! » dit Sophie.

Dans la petite serre, bien au chaud, chaque graine de salade
est devenue une petite plante.
« Il est temps de les mettre en pleine terre pour qu'elles
puissent continuer à grandir, dit Grand-Jean.
– Je viens t'aider pour le repiquage ! dit Sophie.
J'ai pris mon plantoir. »

Il faut faire des trous régulièrement espacés sur des lignes que Grand-Jean a tracées. Ce n'est pas facile ! C'est lui qui plante les bébés salades. Puis, ensemble, ils arrosent les plantules.

Dans l'air calme du soir, Sophie et sa grand-mère se promènent bras dessus, bras dessous.
Elles passent devant les petits pois en fleur.
Des abeilles volent autour et entrent dans les corolles.
« Heureusement qu'il y a les abeilles, dit grand-mère.
Sans elles, les fleurs ne seraient pas fécondées.
Il n'y aurait pas de cosses, ni de petits pois !
– Mais… s'étonne Sophie, comment cette fleur peut-elle devenir une cosse ? »
Grand-mère va chercher un cahier à dessin et un crayon.
Tout en parlant, elle dessine un petit film pour Sophie.

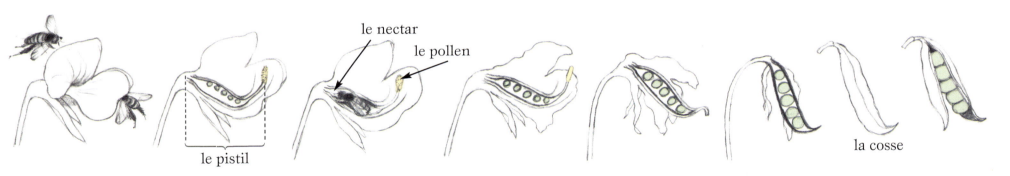

« Voici la fleur et la coupe de la fleur. Tu y vois une sorte de couloir avec de tout petits œufs,
une tige avec, au bout, un bouton couvert d'une fine poussière, le pollen. On appelle le tout : pistil.
Quand une abeille sort d'une fleur, elle transporte, sans le savoir, du pollen sur ses pattes
et ses ailes. Et quand elle entre dans la fleur voisine pour boire son nectar,
elle dépose le pollen sur les minuscules œufs qui se mettent alors à grossir.
Les petits pois seront bientôt assez gros pour te régaler !
Et si tu mets un petit pois en terre, il en sortira une plante avec des fleurs.
Et tout recommencera !
– Mais… c'est un miracle ! » s'écrie Sophie.

Un bon voisin

Ce matin, Grand-Jean a mal au dos. Il doit se reposer.
C'est son voisin Lucas, avec sa fourche-bêche, qui va récolter les pommes de terre.
Il y en a de toutes les tailles autour de la pomme de terre « mère », qui est devenue toute noire et ridée.

Avec sa petite pelle à elle, Sophie a réussi à récolter une carotte sans l'abîmer.
« Bravo ! dit Lucas. Tu te débrouilles bien !
– Je vais en récolter d'autres, pour les râper. On les mangera à midi. J'adore ça !
– Tu veux bien me donner quelques fanes ? demande Lucas.
– C'est quoi, les fanes ?
– Ce sont les tiges et feuilles des carottes. Mon lapin en raffole. »

Les asperges seront bientôt assez hautes pour être mangées.
Un régal en perspective !

Voici une carotte qui n'a pas été récoltée et qui a poussé très haut.
Sa fleur ressemble à une ombrelle, mais, on l'appelle « ombelle ».
Au centre de chaque ombelle, on voit une toute petite fleur rouge.
Il existe une autre plante avec une « fleur ombelle », mais elle est pleine de poison et très dangereuse.
Elle n'a jamais de fleur rouge au centre.
Son nom ? La petite ciguë.
Sophie n'a pas le droit de toucher à ces deux plantes-là : elle pourrait les confondre !

Dans un coin du jardin poussent des bulbes d'ail.
Dans chaque bulbe il y a une dizaine de caïeux, ou gousses.

un caïeu (une gousse)

Si on plante un caïeu (une gousse) dans le sol, une nouvelle plante poussera.
L'ail est facile à cultiver.

Trois asperges, une fane de carotte, deux carottes, une pomme de terre.

Le soir, le lapin de Lucas se régale en croquant les fanes que Sophie lui a données.

Une famille qui aime le soleil

Il a fait très chaud toute la journée. Alors, les plantes ont soif. Sophie a arrosé les potirons, les melons et les concombres, ces drôles de légumes qui ont l'air de ramper sur la terre.

«Tiens, installe-toi dans mon "taxi-brouette". On va apporter une partie de notre récolte au voisin. Lui, il n'a pas de potager, dit Grand-Jean.
– Pourquoi as-tu mis le potiron et le melon sur une planchette?
– C'est pour les empêcher de moisir sur le sol humide.
– Comme c'est drôle: certains légumes poussent sous la terre et d'autres au-dessus, constate Sophie.
– C'est vrai. Sous la terre, il y a des légumes-racines, comme les carottes, les radis. Les légumes-fruits poussent au-dessus: à l'intérieur de ceux-ci il y a des graines. Tu en as mangé en salade à midi.
– Des tomates? Ça alors… Je mange une sorte de fruit quand je mange une tomate?
– Ce soir, je te montrerai un livre dans lequel tu pourras voir toutes ces familles de légumes, promet Grand-Jean.»

(On peut les découvrir dans les deux pages tout au début ou à la fin de ce livre…!)

Cinq cornichons, deux concombres, deux potirons, un melon, trois courgettes.

Les pipistrelles sont des chauves-souris très utiles, car elles détruisent des insectes qui mangent des légumes.
Au matin, elles rentrent toutes ensemble dans une grotte ou un arbre creux pour dormir, la tête en bas.

Dès que leurs petits sont nés, ils s'agrippent à la fourrure de leur mère. Ainsi, ils volent toute la nuit en «avion-pipistrelle».

Ce que Sophie ne voit pas

C'est la nuit. Une nuit de pleine lune.
Sophie dort. Elle ne voit pas les chauves-souris qui tournent à toute vitesse au-dessus du jardin.
Sophie ne voit pas non plus les trois mulots qui grignotent les légumes du potager. Cela désole ses grands-parents.
Mais le chat est là. Il les a vus. C'est sûr : il va en faire son dîner.

Les poivrons mûrissent dans une petite serre.
Il leur faut de la chaleur. En mûrissant, ils changent de couleur.
Ils sont d'abords verts, puis jaunes, puis rouges.

Le lendemain, Sophie demande à grand-mère :
«Est-ce que les plantes continuent de grandir, la nuit ?
– Non, mais tout en dormant elles se fortifient, comme toi quand tu dors ! répond grand-mère tout en cuisant des betteraves dans une grande marmite.
– Pour midi, annonce Sophie, je voudrais faire une salade de betteraves avec des… mais c'est une surprise !
Tu veux bien, grand-mère ?»

Voici la recette de Sophie :
Coupez les betteraves en petits cubes.
Ajoutez la même quantité de pommes coupées en petits morceaux.
Assaisonnez d'une vinaigrette et régalez-vous.

Un navet, une betterave, un bulbe de fenouil, un poivron.

Une journée mouvementée

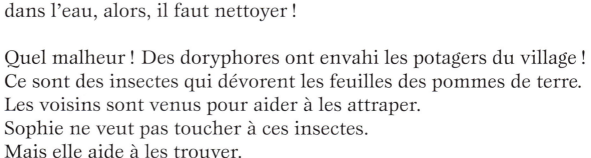

Comme il fait très chaud,
Sophie et son grand-père
ont installé un petit bassin
pour que les oiseaux
puissent boire.
« C'est moi qui m'en occupe »,
dit Sophie.
Les oiseaux viennent souvent
se désaltérer, mais ils font aussi caca
dans l'eau, alors, il faut nettoyer !

Quel malheur ! Des doryphores ont envahi les potagers du village !
Ce sont des insectes qui dévorent les feuilles des pommes de terre.
Les voisins sont venus pour aider à les attraper.
Sophie ne veut pas toucher à ces insectes.
Mais elle aide à les trouver.

larve de doryphore   doryphore

Sophie a vu un dessin d'un doryphore
et de sa larve, maintenant elle sait
les reconnaître.

Le grand Lucas est arrivé avec sa fourche à cinq dents.
On dirait une fourchette de géant.
«Tu vois, Sophie, avec cette grande griffe Grelinette,
je remue la terre en douceur. C'est mieux que la bêche,
qui bouscule trop la terre.
Comme ça, les minuscules bestioles bienfaisantes
qui vivent dans le sol sont moins dérangées.»

Cet après-midi, Sophie a invité Tom et Lucas
à un goûter dans l'herbe. Il y a les radis de son jardin,
bien sûr, ainsi que du melon et une tarte aux courgettes.

«Oh, zut! voilà la pluie», s'écrie Sophie.
Mais Grand-Jean sourit, et soupire, tout content:
«Enfin, voilà la pluie!»
Il faudra finir le goûter à la maison!

Quelqu'un a oublié
de récolter une salade.
Elle a poussé en hauteur
et maintenant elle fleurit
(on dit qu'elle est
«montée en graine»).

On jette dans le composteur des épluchures
de légumes, le marc de café et les feuilles de thé.
Et aussi les feuilles fanées et les mauvaises herbes.
Petit à petit, tout ça se transforme en bonne terre.
Surtout si les vers de terre s'y mettent.

Cette nuit…

Cette nuit, le vent a soufflé très fort. Si fort que plusieurs
tiges de maïs se sont couchées. Certaines sont cassées.
Grand-père se fait du souci.
«Ne t'inquiète pas, lui dit Sophie, je vais t'aider
à les remettre debout.
– Heureusement que tu es là, ma grande, dit Grand-Jean.
Tu vas m'aider à buter les pieds de maïs tombés.
– Buter? demande Sophie.
– Oui, dit Grand-Jean. Regarde: je mets de la terre
au pied des tiges. On va la tasser, et je pense que comme ça
les maïs ne tomberont plus.»

Sophie ramasse les grandes feuilles qui traînent
et Grand-Jean coupe les tiges cassées en petits morceaux.
«Viens, on va mettre tout ça dans le composteur», dit-il.

Un épi de maïs, une grappe de tomates-cerises, une tomate ronde, une oblongue, deux feuilles de salade.

Marché

Hangar où l'on cultive les endives dans le noir et dans le froid.

Du potager au marché du village…

Quand Grand-Jean a récolté beaucoup de légumes, il les transporte dans sa camionnette rouge pour les vendre au marché du village. Sophie adore l'accompagner.
« Mais les légumes de mon supermarché, d'où viennent-ils ?

– Ils viennent des grands champs que tu vois là-bas. Dans ces champs poussent mille fois plus de patates que dans mon potager. Les légumes sont récoltés très tôt le matin, ils partent en camion pour la ville et sont mis en vrac dans les bacs des supermarchés. D'autres légumes vont à l'usine de monsieur Potiron.

... des grands champs au supermarché

On les cuit dans d'énormes marmites, puis on les met dans des boîtes de conserve.
– Et qu'y a-t-il dans ce bâtiment que je vois là-bas ?
– Ce sont des endives. On les fait pousser dans le noir et dans le froid, car la lumière les fait verdir et leur goût devient amer, explique grand-père.

– Brrr… Quand je serai grande, je ne risque pas de cultiver des endives ! s'écrie Sophie. J'aime trop le soleil ! »

Les couleurs de l'automne

Les vacances d'automne sont arrivées. Sophie a retrouvé le jardin et le potager de ses grands-parents bien changés.
Elle aide sa grand-mère à cueillir des choux de Bruxelles.
« C'est drôle, dit Sophie, on dirait que chaque petit chou est assis sur une tige !
– C'est vrai. Ce sont les boutons du chou, précise grand-mère.
Ce soir on mangera ces petits boutons avec une bonne saucisse !
Il commence à faire froid. Nous allons installer une boule de graisse et de graines pour les oiseaux.
– C'est moi qui monterai sur l'escabeau pour l'accrocher, dit Sophie.
– Tu verras, toutes sortes d'oiseaux viendront la picorer. En hiver, il n'y a plus d'insectes à croquer, alors ils ont tous très faim.
– Viens voir ce poireau, s'écrie Sophie. Il a plein de taches rouges. Il a la rougeole !
– Oh, là, là ! dit grand-mère. On va vite l'arracher ce poireau malade. »

Un hérisson s'est caché sous les choux rouges.
Il a vu des limaces bien grasses.
Il va les croquer dès que Sophie et sa grand-mère seront parties.
Les jardiniers aiment beaucoup les hérissons, mangeurs de limaces et d'escargots.

Quand il fait froid, tous les insectes cherchent un endroit où ils pourront dormir pendant l'hiver, par exemple sous des pierres ou sous l'écorce des arbres.
Grand-Jean leur a fabriqué une maison avec une caisse en bois où il a glissé des branches et des tiges creuses.
Cet hôtel pour insectes est installé au milieu de son potager, tourné vers le soleil.
Ainsi, chaque insecte, même tout petit, peut choisir sa « chambre » selon sa taille.
En mélangeant de la boue avec sa salive, il fermera lui-même l'entrée et dormira bien à l'abri.

Les vers de terre, ces drôles de bêtes, mangent de la terre, puis la rejettent sous forme de crottes qui enrichissent le sol.
En creusant de petites galeries, ils allègent aussi le sol.
Les jardiniers aiment les vers de terre !

Deux poireaux, une feuille de chou vert, des choux de Bruxelles, un demi-chou rouge.

La fleur du topinambour,
un cousin du tournesol.

Qui a peur du froid ?

Cette nuit, le froid a fait son entrée. Mais cela n'empêche pas les jardiniers de sortir !
Grand-Jean a pris sa fourche-bêche pour récolter quelques tubercules de topinambour. Il doit tirer très fort sur les tiges.
Malgré le froid, Sophie est allée cueillir de la mâche, bien verte et croquante.
Maintenant elle remet la planche pour protéger ces mini-salades qu'elle aime tant… !
Le gros céleri-rave reste bien au chaud sous la paille.
Personne ne voit les endives qui vont bientôt pointer leur nez hors du sol. Si on ne les récolte pas tout de suite, la lumière du jour les rendra vertes et amères. Beurk !

Tous les trois ans, Grand-Jean fait un travail très fatigant : en bêchant, il mélange du fumier à la terre.
Cela la rend très nourrissante pour les légumes.
Qu'y a-t-il dans cet engrais ?
De la paille, mélangée à du crottin et du pipi de cheval.
Grand-Jean ne déteste pas l'odeur du fumier,
mais Sophie se pince le nez… et se sauve en courant !

Même si elles mangent les vers de terre, les taupes sont bien utiles dans un potager ! Elles se nourrissent de bestioles qui attaquent les racines et les feuilles des légumes.
Elles creusent des galeries dans le sol et montent rejeter la terre à la surface, formant des taupinières.

Voici le menu préféré des taupes.

Trois topinambours, une endive, deux pieds de mâche, un céleri-rave.

Le jardin sous la neige

Il y a beaucoup à faire dans le potager avant que l'hiver s'installe. Alors Sophie est revenue pour donner un coup de main. Il faut:
• arracher les légumes fanés et les tiges des tomates;
• nettoyer les tuteurs et les ranger dans la cabane;
• brûler les légumes vraiment très malades.
Grand-Jean a semé du seigle bio qui restera en place tout l'hiver. Au printemps, il l'enfouira dans la terre pour la rendre meilleure. On appelle cela de «l'engrais vert».
Maintenant le jardin est couvert de neige.
Il va se reposer jusqu'au printemps.

Découvre ce qu'on voit dans cette cabane :

bêche
binette
bottes
fourche-bêche
gants
Grelinette
guirlande d'oignons
houe (grande binette)
raphia
râteau
sabots
sécateur
transplantoir
tuteurs

Les outils de Sophie :

arrosoir
griffe
plantoir
râteau
transplantoir

Sophie va bientôt rentrer chez elle.
Mais d'abord elle a rangé ses outils dans la cabane
et dit au revoir aux voisins.
Elle est un peu triste de quitter le jardin, le village,
et surtout ses grands-parents.
   Alors, pour la consoler, son grand-père lui a préparé une surprise…

Un mini-potager pour la ville

Aux premiers jours de soleil printanier, Sophie a invité Victor, son meilleur copain. Ils ont ouvert ensemble le cadeau des grands-parents.

Quelle surprise ! Il y a plein d'enveloppes remplies de graines du potager.

« On aura des légumes, comme à la campagne ! » jubile Sophie.

Sur certaines enveloppes Grand-Jean a dessiné un soleil. Ça veut dire : Attention, soleil obligatoire.

La fenêtre de Victor est exposée au sud et reçoit donc beaucoup de soleil.

Sur le balcon de Sophie, il y a du soleil et de l'ombre.
Les deux amis se partagent les graines.
Mais comment installer ce mini-potager ?
Avec l'aide des parents, les deux jardiniers ont acheté de grands pots, des bacs tout en longueur qu'on appelle des « jardinières » et des sacs de terre. Sans oublier les tuteurs !
Quand tout a été bien installé, les graines semées, ils ont attendu, arrosé régulièrement et encore attendu…
Au bout de quelques semaines, les radis ont montré le bout de leurs feuilles. Puis toutes les autres plantes sont sorties de terre. Maintenant, les copains et les copines viennent voir et goûtent un peu à tout. Et eux aussi veulent avoir des légumes sur le rebord de leur fenêtre !

Victor sait faire une omelette aux herbes et il aime mettre des pétales de fleurs dans la salade.

Les légumes d'ailleurs

Sophie est retournée au supermarché avec sa mère.
En lisant les noms des légumes sur les étiquettes
des boîtes de conserves et des paquets, elle s'étonne.
« Tu as vu, maman ? C'est marqué "patates douces".
Je n'en ai jamais vu chez Grand-Jean.
– Elles ne peuvent pas pousser chez lui, dit maman.
Elles sont cultivées dans des pays où il fait plus chaud.
On les fait voyager par bateau ou par avion.
Tu veux qu'on cherche d'autres légumes
qui viennent de loin ?
– Chouette ! s'écrie Sophie. On va faire un grand voyage
autour de la Terre ! »

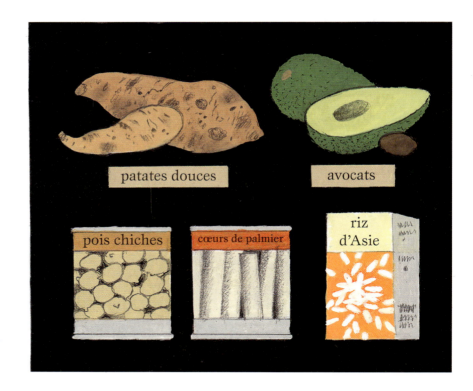

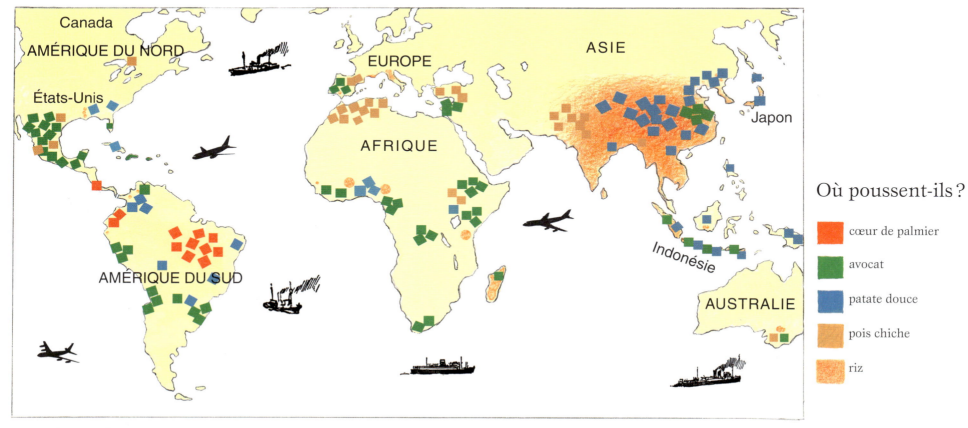

Carte du monde. Les carrés de couleur indiquent où on cultive surtout ces légumes.

Cœur de palmier

Bourgeon qui sera coupé

Les cœurs de palmier viennent des jeunes feuilles tout en haut de certains palmiers.
On enlève l'enveloppe extérieure.

Avocat

Les avocats poussent sur des grands arbres, souvent au bout des branches les plus longues.

Patate douce

Les patates douces mûrissent dans la terre.

Pois chiche

Voici une cosse. Dans chaque cosse on trouve deux graines.

Riz

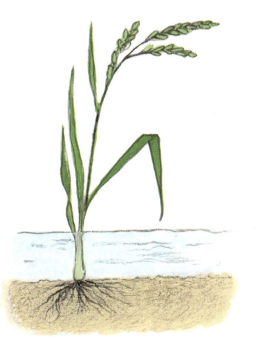

Le riz est toujours cultivé les pieds dans l'eau.

Glossaire et index

Abeilles: Les abeilles domestiques (celles qui vivent dans les ruches) sont les principaux insectes aidant à la pollinisation (voir ce mot) des fleurs du jardin, des prés, des vergers et des potagers. En hiver, elles sortent de leur ruche dès qu'un rayon de soleil apparaît. Il existe d'autres espèces d'abeilles qui mènent une vie solitaire et passent l'hiver à l'abri du froid, seules ou à plusieurs. Chez ces abeilles, il n'y a pas de reine. Les abeilles domestiques sont chaque année moins nombreuses à cause des produits chimiques et des maladies. .... p. 13

Ail: Une des plus anciennes plantes cultivées. Depuis toujours on l'a utilisée contre une soixantaine de maladies. En 1989, elle fut élue plante médicinale de l'année par l'association des pharmaciens allemands. ...... p. 2, 14, 38

Araignée: Très utile dans les jardins, car elle attrape dans sa toile quantités de moustiques et autres insectes nuisibles. .... p. 23

Arrosoir .... p. 6-7, 10-11, 25, 31

Artichaut .... p. 2, 10, 11, 38

Asperge .... p. 3, 14-15, 39

Aubergine .... p. 2 et 38

Avocat .... p. 34, 35

Bêcher: Retourner la terre avec une bêche (voir aussi Grelinette). .... p. 30, 31

Betterave: Crue, elle est rose grisâtre; une fois cuite, rouge foncé. .... p. 3, 6, 19, 39

Biner: Couper les racines des herbes envahissantes avec une binette. .... p. 12, 31

Bourdons: Ces insectes font partie de la famille des abeilles, mais ils sont plus gros et poilus et vivent souvent en groupe. Ils aident aussi à la pollinisation (voir ce mot). .... p. 36

Bourgeon .... p. 35

Brocoli .... p. 2, 6, 27, 38

Buter. Ajouter de la terre au pied des plantes. On bute, par exemple, les rangées de pommes de terre, afin de recouvrir celles qui poussent hors du sol, et ainsi les empêcher de verdir. Le vert, qui apparaît sur une pomme de terre est toxique! .... p. 23

Capucines: Elles attirent les pucerons. Ainsi ils ne vont pas sur d'autres plantes. C'est un «piège à pucerons». Les feuilles et les fleurs peuvent être mangées en salade. p. 15, 32, 33

Carotte: Il existe des carottes rondes, ou presque, faciles à cultiver dans un bac peu profond. .... p. 3, 6, 15, 33, 39

Céleri .... p. 3, 39

Céleri-rave .... p. 3, 29, 39

Chauves-souris: Ce sont des mammifères volants, grands mangeurs de moustiques, qui n'attaquent jamais les humains. .... p. 18

Choux: Connue depuis bien longtemps, c'est une famille nombreuse: choux de Bruxelles (sont meilleurs après le gel), chou-fleur (comme son nom l'indique, on mange une fleur!), chou rouge (délicieux cuit ou cru en salade), chou vert (ou chou de Milan), chou frisé, chou pommé, etc. ...... p. 2-3, 6, 11, 26, 27, 36, 39

Coccinelle .... p. 8

Cœur de palmier .... p. 34, 35

Composteur: On y jette les déchets verts du potager. Le panneau coulissant permet de retirer l'engrais en bas du composteur. p. 22

tomates cerises orange — tomate cœur-de-bœuf — tomates jaunes
tomates pourpres — salade chicorée — salade pissenlit
courgettes
chou cabus — chou frisé — chou pommé
persil à feuilles plates — persil à feuilles frisées

Concombre .... p. 2, 6, 17, 38

Cornichon .... p. 17

Corolle: Ensemble des pétales d'une fleur. p. 13

Courge .... p. 2 et 38

Courgette: Il en existe de plusieurs formes et couleurs. .... p. 2, 6, 17, 36, 38

Crosnes .... p. 2 et 38

Désherber: Si on ne désherbe pas régulièrement, les mauvaises herbes envahissantes volent leur espace et aussi la nourriture aux légumes. .... p. 12

Doryphore .... p. 20

Échalote .... p. 2 et 38

Endive .... p. 3, 6, 24-25, 29, 39

Escargot: L'escargot transporte une «maison-coquille», mais il fait des dégâts dans le potager. Passe l'hiver dans le sol. ..... p. 28, 37

Fane: C'est l'ensemble des tiges et feuilles (feuilles-plumes) de la plante. .... p. 14-15

Fenouil: On le trouve à l'état sauvage un peu partout où les hivers sont doux. .. p. 3, 19, 39

Feu: Il faut être prudent en faisant du feu dans

Abeille domestique. — Abeille charpentière qui pond dans du bois mort, d'où son nom. Elle est solitaire. — Ce bourdon aime venir butiner dans les jardins. — Celui-ci fait son nid dans un arbre creux. — Et celui-là vit dans le sol, souvent dans un ancien nid de souris.

Apis mellifera — *Xylocopa violacea* — *Bombus hortorum* — *Bombus hypnorum* — *Bombus subterraneus*

Araignée — Noctuelle de la pomme de terre — Escargot de Bourgogne (*Helix pomatia*) — Escargots des jardins (*Ceapaea hortensis*)

un jardin. Il faut prévoir un seau d'eau à proximité. .... p. 30
Fines herbes: Il faudrait dans tous les jardins un coin réservé à ces «herbes aromatiques» qui donnent tant de saveur à notre nourriture: le basilic, la ciboulette, l'estragon, la marjolaine, la menthe, l'origan, la sauge, le thym, le persil (on trouve deux variétés sur le marché, l'une à feuilles frisées, l'autre dont la saveur est plus prononcée) etc. p. 32, 33, 36
Fourche-bêche .... p. 15, 29, 31
Fumier .... p. 28
Galeries: Certains animaux, nuisibles ou utiles, en creusant leur chemin dans le sol, gardent la terre aérée .... p. 26, 28
Grelinette (aussi griffe écologique): Outil récent qui remplace avantageusement la bêche pour certains travaux. Grelinette vient du nom du fabricant, M. Grelin. .... p. 21
Griffe: Outil très pratique pour ameublir le sol et pour arracher les mauvaises herbes ... p. 6, 12, 31
Haricot vert .... p. 3, 6, 9, 39
Hérisson .... p. 27
Larve .... p. 8, 20, 28
Lentilles .... p. 3, 39
Limace .... p. 27
Mâche .... p. 3, 29, 39
Maïs .... p. 3, 6, 23, 39
Martinet: Oiseau ressemblant à l'hirondelle et grand mangeur d'insectes. On peut le voir en été toujours en vol. .... p. 15
Melon: Il existe plusieurs variétés de ce délicieux «légume-fruit». .... p. 2, 17, 38

Merle noir, merlette brune: Ils détruisent tant d'escargots, limaces et autres bestioles nuisibles, qu'on les laisse volontiers se régaler de quelques vers de terre. .... p. 9, 23, 30
Monter en graine .... p. 22
Mulot: Mange les racines des légumes. Ses ennemis sont le chat et la chouette. .... p. 19
Navet .... p. 3, 19, 39
Nectar .... p. 13
Noctuelle, papillon qui vole surtout la nuit. Sa chenille mange les feuilles de la pomme de terre. .... p. 15, 37
Nuisible. Vient du mot «nuire» (faire du mal). C'est le contraire d'utile (utile pour le jardinier, bien sûr…). .... p. 36-37
Oignon .... p. 2, 8-9, 31, 38
Oiseaux: La plupart sont les bienvenus dans le potager, sauf les pigeons qui s'attaquent aux légumes. ... p. 4, 5, 6, 9, 11, 12, 15, 23, 27, 30
Ombelle .... p. 14
Pailler: Étaler de la paille (tiges du blé) au pied des plantes. On peut aussi utiliser des écorces d'arbres, des feuilles mortes, du foin (herbe fauchée et séchée). .... p. 9
Patate douce .... p. 34, 35
Persil (voir fines herbes).
Petit pois .... p. 3, 9, 39
Piéride du chou: La chenille de ce papillon est nuisible (voir aussi noctuelle). .... p. 10, 11
Piment .... p. 2, 38
Plantoir .... p. 6, 12, 31
Poireaux: Autrefois, le poireau était un bulbe; il s'est allongé petit à petit. ...... p. 2, 6, 27, 38
Pois chiche .... p. 3, 34-35, 39

Poivron .... p. 2 et 38
Pollen, pollinisation .... p. 13
Pommes de terre: On en trouve de toutes sortes, chacune avec un goût différent: de petites jaunes, de grosses roses et des grandes brunes .... p. 2, 6, 15, 38
Potiron .... p. 2, 17, 38
Radis long, radis rond .... p. 3, 15, 32, 39
Raphia: fibre textile d'un genre de palmier très solide .... p. 31
Râteau .... p. 6-7, 31
Refuge (ou gîte, hôtel) pour insectes ...... p. 26
Repiquer: Retirer une plantule de la serre où elle a initialement été semée pour la mettre en pleine terre. .... p. 13
Riz .... p. 34-35
Rouge-gorge: On l'appelle «compagnon du jardinier», car il reste souvent près de la personne qui jardine, dans l'espoir d'attraper un insecte ou un petit ver. .... p. 12
Rouge-queue (voir la couverture du livre).
Salades: Il en existe une grande variété (batavia, feuille de chêne, etc.) .... p. 23, 36
Sécateur .... p. 31
Semer .... p. 7
Serre: C'est dans de très grandes serres que l'on fait pousser les légumes qui aiment la chaleur: tomates, melon, etc. Pour le potager, il en existe de petits modèles. .... p. 12
Taupe .... p. 28
Tomate: Sur les images de la page d'en face on trouve quelques membres de la grande famille des tomates. Quand il fait très chaud, les oiseaux ont besoin de boire. S'ils ne trouvent pas un point d'eau, ils s'attaquent aux tomates pour boire leur jus .... p. 2, 23, 36, 38
Topinambour .... p. 2, 29, 38
Transplantoir: Bien utile si on veut déterrer une plante ou un «légume-racine» sans l'abîmer. Ou si l'on doit enlever une plante pour le replanter ailleurs. .... p. 6, 31
Tuteurs .... p. 23, 30, 31
Ver blanc .... p. 28

Feuilles mortes — Foin — Écorces d'arbres (voir pailler)

37

Huit familles

de légumes